Klaus Kremb

Kompaktwissen Politikdidaktik

Kategorien – Konzeptionen – Kompetenzen

W0244092

Kleine Reihe • Politische Bildung • Didaktik und Methodik

Herausgegeben von Gotthard Breit, Ursula Buch, Bernward Debus und Peter Massing

Klaus Kremb

Kompaktwissen Politikdidaktik

Kategorien Konzeptionen Kompetenzen

WOCHEN SCHAU VERLAG

Bibliografische Information der Deutschen Nationalbibliothek
Die Deutsche Nationalbibliothek verzeichnet diese Publikation in der Deutschen Nationalbibliografie; detaillierte bibliografische Daten sind im Internet über http://dnb.d-nb.de abrufbar.

© by WOCHENSCHAU Verlag
Schwalbach/Ts., 2. Aufl. 2012

www.wochenschau-verlag.de
Alle Rechte vorbehalten. Kein Teil dieses Buches darf in irgendeiner Form (Druck, Fotokopie oder einem anderen Verfahren) ohne schriftliche Genehmigung des Verlages reproduziert oder unter Verwendung elektronischer Systeme verarbeitet werden.

Titelgestaltung: Ohl Design
Gesamtherstellung: Wochenschau Verlag
Titelbild: Stefan Rajewski - Fotolia.com
ISBN 978-3-89974624-2

Inhalt

Vorwort

Eine kompakte „Politikdidaktik“ wie die vorliegende kann und will selbstverständlich kein Handbuch ersetzen. Sie mag jedoch ein zweckmäßiger Versuch im Sinne von Johann Amos Comenius sein, der vor 350 Jahren in seiner „Didactica magna“ feststellte: „Den Geist mit einem Wust von Büchern oder Worten zu belasten, ist nutzlos [...]. Daher müssen [...] grundlegende Lehrbücher, die wenig umfangreich, aber wirklich brauchbar sind, ausgesucht oder neu verfasst werden. Sie sollen [...] in wenigen Worten viel enthalten, das heißt den Lernenden die grundlegenden Dinge vor Augen führen [...] in wenigen, aber ausgesuchten und leicht fassbaren Lehrsätzen und Regeln, aus denen alles Übrige von selbst verständlich wird.“ (Zitiert nach: Detjen, Joachim: Politische Bildung. München 2007, S. 324.)

In solchem Sinn will das vorliegende „Kompaktwissen Politikdidaktik“ wesentliche Kategorien, Konzeptionen und Kompetenzen der politischen Bildung in aller Knappheit präsentieren. Um dabei möglichst auch dem Anschauungsprinzip gerecht zu werden, wird das „Kompaktwissen“ auf Doppelseiten entfaltet – auf linken Seiten jeweils in konzentrierten Textdarstellungen und rechts gegenüber in wissensstrukturierenden Veranschaulichungen.

Wichtige Elemente der einzelnen Doppelseiten sind zudem vertiefende Literaturhinweise und Arbeitsanregungen zur fachdidaktischen Reflexion des jeweiligen Themas.

Ein kommentiertes Verzeichnis wichtiger Grundlagenliteratur und gängiger Fachzeitschriften der politischen Bildung beschließt den Band.

Inhaltlich entfaltet die Darstellung im Rahmen der didaktischen Trias Kategorien – Konzeptionen – Kompetenzen wesentliche Theorie- und Praxisbausteine der politischen Bildung und schließt mit einem Blick auf aktuelle politikdidaktische Trends, darunter insbesondere die Kompetenzdebatte.

Entstanden ist das „Kompaktwissen Politikdidaktik“ als Skript zu einem fachdidaktischen Seminar an der TU Kaiserslautern. Adressaten sind deshalb in erster Linie Bachelor- und Masterstudierende der politischen Bildung. Darüber hinaus richtet sich der Band an Referendarinnen und Referendare. Ebenso soll er alle in der politischen Bildung Tätigen ansprechen, die auf dem „Laufenden“ bleiben wollen.

Klaus Kremb,
Kaiserslautern

Danksagung
Prof. Dr. Bernhard Sutor danke ich in der Schlussphase meiner schulischen Unterrichtstätigkeit dafür, dass er mir in meinem Referendariat (1977/78) politikdidaktisches Denken vorgelebt hat.

1. Politikdidaktische Zugänge

Didaktische Grundzüge politischer Bildung

Die didaktischen Grundzüge politischer Bildung lassen sich zweckmäßig im Blick auf
- Kategorien,
- Konzeptionen
- und Kompetenzen

ordnen und entfalten.

Kategorien

Zunächst muss geklärt werden, um welchen Ausschnitt aus der Erfahrungswelt es geht und wie dieser erkenntnistheoretisch erfasst werden kann. Damit ist die Frage nach den Kategorien gestellt – in unserem Fall nach dem Politischen und dessen analytischer Aufschlüsselung und wissenssystematischer Strukturierung.

Konzeptionen

Unterschiedliche Akzentuierungen der Kategorien politischer Bildung führen jedoch naheliegend zu unterschiedlichen politikdidaktischen Konzeptionen. Entsprechend ist die Fachdiskussion durch eine Pluralisierung der Konzeptionen gekennzeichnet, wobei die Problemorientierung im Vordergrund steht.

Kompetenzen

Die dadurch angestrebten Kompetenzen zielen v.a. auf Frage-, Transfer- und Urteilsfähigkeiten.

Kompaktwissen Politikdidaktik

Das dafür relevante fachdidaktische Strukturierungswissen wird nachstehend auf neunzehn Doppelseiten thematisiert, wobei gezielte Literaturhinweise und Arbeitsanregungen dazu beitragen mögen, die einzelnen Bausteine zu vertiefen.

Vorab-Arbeitsanregungen:

1. Informieren Sie sich vor dem Durcharbeiten der nachfolgenden drei Kapitel im Inhaltsverzeichnis (S. 5) über die Einzelthemen des „Kompaktwissens Politikdidaktik“ und notieren Sie in einem Brainstorming das, was Sie über die einzelnen Themenbausteine bereits wissen.
2. Wiederholen Sie ein solches Brainstorming nach dem Durcharbeiten des „Kompaktwissens“ und testen Sie so Ihre erworbene fachdidaktische Theoriekompetenz.

Schlüsselbegriffte aus Kapitel 1:

Kategorien

Konzeptionen

Kompetenzen

2. Kategorien

2.1 Dimensionen des Politischen

Politikdefinition

Aristoteles hat Politik als „Staatskunst" definiert. Daneben stellte er den Begriff „Politie" als „Ordnung derer, die einen Staat bewohnen". In dieser Denktradition steht auch der Politikbegriff des vorliegenden Bandes. Denn Politik wird hier definiert als verbindliche Regelung des für alle in gleicher Weise Notwendigen.

Polity, Policy, Politics

In dieser Begriffsbestimmung fließen alle drei Dimensionen des Politischen zusammen, die im Englischen strikt getrennt werden:

- Polity i.S. von Politik als Ordnungsrahmen,
- Policy i.S. von Politik als Inhalt,
- Politics i.S. von Politik als Prozess.

In der deutschen Politikwissenschaft ist diese Trias seit den späten 1980er Jahren fundiert:

- Politik als „Polity" geht den politischen Strukturen nach, in deren Rahmen sich Politik entfaltet, v.a. also der Verfassung (Verfassungsprinzipien, politische Institutionen),
- Politik als „Policy" lenkt den Blick auf die politischen Vorstellungen der Akteure und damit deren Wert- und Zielorientierungen,
- Politik als „Politics" untersucht das Handeln der politischen Akteure und damit die formellen wie informellen Prozesse der Willens- und Entscheidungsfindung.

Politikdidaktisierung

Politik wird damit analytisch zugänglich und so zugleich erkenntnistheoretisch geordnet und „didaktisiert". Einige vielversprechende Ansätze dazu liefern die neueren „Basiskonzept"-Überlegungen, die auf der Trias von Ordnung, Gemeinwohl und Entscheidung aufbauen (vgl. S. 18 f.)

Politikwissenschaftliche Methodik und fachdidaktische Anwendung:

Blum, Sonja/Klaus Schubert: Politikfeldanalyse (= Elemente der Politik). Wiesbaden 2009, 189 S.

Kremb, Klaus: Eine aufhaltsame Katastrophe. Das Klima als globales Problem. In: Praxis Politik 4 (2008); H. 1, S. 47-51.

Abb. 1: Die drei Dimensionen des Politischen

Politik als verbindliche Regelung des für alle in gleicher Weise Notwendigen

Polity	Policy	Politics
• Verfassung • Normen • Institutionen	• Aufgaben und Ziele • politische Programme	• Interessen • Konflikte
• Organisation • Verfahrens-regelungen • *Ordnung*	• Problemlösung • Aufgabenerfüllung • Wert- und Zielorientierung • *Gestaltung*	• Macht • Konsens • *Durchsetzung*
Ordnungsrahmen	Inhalt	Prozess

Analytische Zugänglichkeit und Didaktisierung der Politik

Ordnung | **Gemeinwohl** | **Entscheidung**

Arbeitsvorschläge:

1. Erörtern Sie die Politikdefinition des vorliegenden Bandes im Blick auf das Polity-Policy-Politics-Modell.
2. Beurteilen Sie das Potenzial des Polity-Policy-Politics-Modells für die politische Bildung.

2.2 Prozessmuster des Politischen

Politikdidaktische „Gretchenfrage“

„Welches Resultat (policy) ergibt sich, wenn in einem politischen System (polity) eine bestimmte Problemlösungsstrategie (politics) eingeschlagen wird?“ So hat der Münsteraner Politikwissenschaftler Klaus Schubert die politikwissenschaftliche Kernfrage formuliert. Sie ist zugleich die politikdidaktische „Gretchenfrage“.

Policy-Forschung

Politikfeldanalysen bieten damit nicht nur für die Politikwissenschaft, sondern auch gleichermaßen für die Politikdidaktik wichtige Erkenntniswege. Grundlage dafür ist die Policy-Forschung, wie sie in den USA seit den 1950er und in Deutschland seit den 1970er Jahren entwickelt wurde.

Phasen des politischen Prozesses

Gemeinsam ist allen Konzepten ein mehrphasiges (zumeist sechsschrittiges) Arbeits- und Erkenntnisschema:

- Problemwahrnehmung und -definition,
- Politikimplantierung des Problems (Agenda Setting),
- Diskussion politischer Handlungsalternativen,
- Entscheidung für eine Problemlösung,
- Umsetzung der Entscheidung,
- Bewertung der Entscheidung (Evaluierung).

Solcherart konzipierte Politikfeldanalysen sind „Fenster“ in kommunale, bundesstaatliche, nationale, supranationale und internationale politische Entscheidungsprozesse.

Politikdidaktisches Reservoir

Die politikfeldanalytische Methodik ist damit ein Reservoir „zur Entwicklung didaktischer Perspektiven und Aufschlüsselung von Unterrichtsinhalten“ (Gotthard Breit).

Politikwissenschaftliche Methodik und fachdidaktische Umsetzung:

Blum, Sonja/Klaus Schubert: Politikfeldanalyse (= Elemente der Politik). Wiesbaden 2009, 189 S.

Breit, Gotthard: Der „Parteispendenskandal“ im Politikunterricht. Entwicklung didaktischer Perspektiven und Aufschlüsselung des Unterrichtsinhaltes. In: Gotthard Breit/Peter Massing (Hrsg.): Politikunterricht geplant. Schwalbach/Ts. 2006, S. 204-238.

Abb. 2: Der Politikzyklus

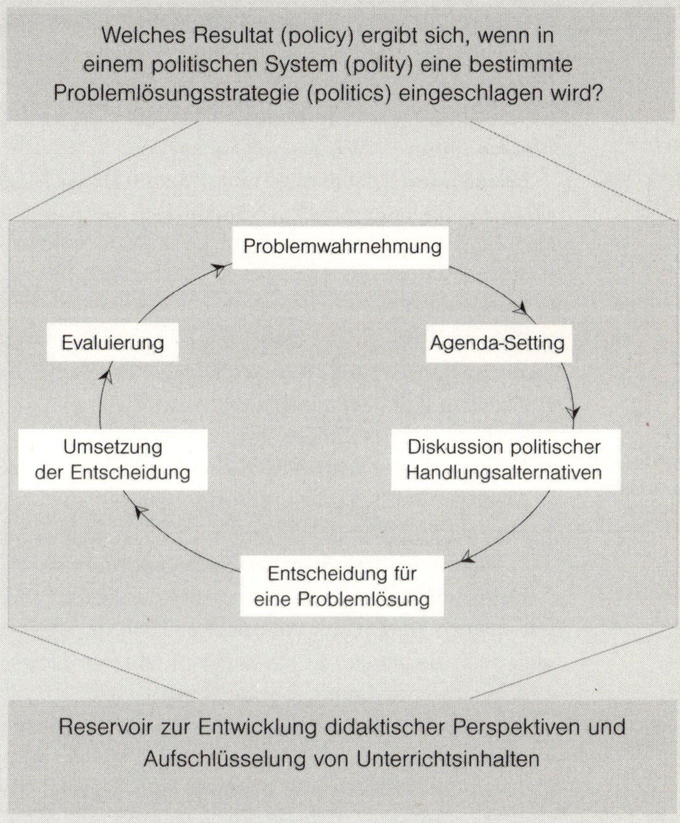

Arbeitsvorschläge:

1. Konkretisieren Sie den Politikzyklus an einem didaktisch zweckmäßigen Politikbeispiel.
2. Diskutieren Sie die Aussage, dass die politikfeldanalytische Methodik ein Reservoir für die „Entwicklung didaktischer Perspektiven und Aufschlüsselung von Unterrichtsinhalten“ darstellt.

2.3 Modellierung des Politischen

Allgemeine Sinnfrage

Politisches Handeln i.S. der Politik-Definition im einleitenden Abschnitt 2.1. bewegt sich notwendigerweise auf der Denk-Ebene der Vernunft, ist also bestimmt von der Sinnfrage. Philosophisch Grundlegendes hierzu hat Immanuel Kant in seiner „Logik“ (1800) formuliert: „Was kann ich wissen? – Was soll ich tun? – Was darf ich hoffen?“

Erster politikdidaktischer Schritt

In einem ersten politikdidaktischen Schritt lässt sich dieser allgemeine philosophische Dreischritt in eine Trias politischen Fragens übersetzen:

- Was ist?
- Was ist möglich?
- Was soll sein?

Damit hat der Marburger Politikdidaktiker Peter Henkenborg 1997 drei grundlegende politikwissenschaftliche wie politikdidaktische „Schlüsselfragen“ formuliert.

Zweiter politikdidaktischer Schritt

In einem zweiten politikdidaktischen Schritt wäre daraufhin zu überlegen, welche Leitbegriffe – anders ausgedrückt: welche Kategorien (vgl. dazu insbes. Abschnitt 3.3) – geeignet sind, um Henkenborgs drei Analysefragen zu operationalisieren.

Dritter politikdidaktischer Schritt

Damit wäre dann zugleich eine Möglichkeit gefunden, um in einem dritten politikdidaktischen Schritt politischen Unterricht zielführend zu strukturieren (also ein Thema in einzelne Unterrichtsschritte umzusetzen).

Modellierung Bernhard Sutors

Eine in diesem Sinn zweckmäßige, an Kategorien orientierte unterrichtsstrukturelle Modellierung hat 1976 der frühere Eichstätter Politikdidaktiker Bernhard Sutor vorgeschlagen.

Fachdidaktische Strukturierung des Kategorienproblems:

Henkenborg, Peter: Gesellschaftstheorie und Kategorien der Politikdidaktik. In: Politische Bildung 30 (1997), H. 2, S. 95-121.

Sutor, Bernhard: Grundgesetz und politische Bildung. Mainz 1976, 134 S.

Giesecke, Hermann: Didaktik der politischen Bildung. München [8]1973 (= Nachdr. der neubearbeiteten 7. Aufl. [1. Aufl. 1965]), 240 S.

Abb. 3: Modellierung des Politischen

Was ist?
Was ist möglich?
Was soll sein?

1. Problemstellung

2. Informationsgewinnung

Kategorien:
Interessen – Beteiligte – Betroffene
Interpretationen – Ideologie,
soziale Strukturen – Geschichtlichkeit

3. Erörterung politischer Möglichkeiten

Kategorien:
Machtverhältnisse – Rechtslage – Institutionen
Beteiligungs-/Mitbestimmungsmöglichkeiten,
Koalitions-/Durchsetzungsmöglichkeiten,
Kompromiss-/Entscheidungsmöglichkeiten

4. Urteilsbildung/Entscheidungsdiskussion

Kategorien:
Freiheit – Gerechtigkeit – Zumutbarkeit
Rechtmäßigkeit (Legitimität),
Wirksamkeit – Folgen,
Verantwortbarkeit

Arbeitsvorschläge:

1. Arbeiten Sie mit Bernhard Sutors unterrichtsstruktureller Modellierung an einem konkreten Beispiel.
2. Bewerten Sie Bernhard Sutors unterrichtsstrukturelle Modellierung im Blick auf die Politikdefinition aus Abschnitt 2.1.

2.4 Kategorisierungen des Politischen

Didaktische Landkarte

Eines der jeweils zentralen Kapitel in Didaktik-Lehrbüchern der politischen Bildung gilt den fundamentalen Lerninhalten, anders formuliert der „didaktischen Landkarte". Bernhard Sutor hat diesbezüglich Anfang der 1970er Jahre von „Ordnungswissen" gesprochen. Seit PISA ist dieses Problem erneut aktuell.

Strukturierung des Politischen

Notwendig sind deshalb zielführende Kategorisierungen („Basiskonzepte", „Kernkonzepte"). Neuere Beispiele für die politische Bildung bieten die Fachdidaktiker Georg Weißeno (2006), Wolfgang Sander (2007), Peter Massing (2008), Joachim Detjen (2008) und Dirk Lange (2008). Ziel all dieser Bemühungen ist es, auf einer basalen Ebene Kernbestände des Politischen didaktisch zu systematisieren.

Konzeptionelles Deutungswissen

Eine vorläufige Zwischenbilanz ziehen Georg Weißeno et al. (2010), indem sie drei „Basiskonzepten" (Ordnung / Gemeinwohl / Entscheidung) jeweilige „Fachkonzepte" (u.a. Gewaltenteilung, Grundrechte / Menschenwürde, Frieden / Macht, Parteien) zuordnen.

Konzeptionalisierungen politischer Bildung:

Weißeno, Georg: Kernkonzepte der Politik und Ökonomie. Lernen als Veränderung mentaler Modelle. In: Ders.: (Hrsg.): Politik und Wirtschaft unterrichten (= Schriftenreihe der Bundeszentrale für politische Bildung 483). Bonn 2006, S. 120-141.

Sander, Wolfgang: Politik entdecken, Freiheit leben. Neue Lernkulturen in der politischen Bildung. Schwalbach/Ts. 2007, 270 S.

Weißeno, Georg (Hrsg.): Politikkompetenz. Was Unterricht zu leisten hat. (= Schriftenreihe der Bundeszentrale für politische Bildung 645). Bonn 2008, 422 S.

Massing, Peter: Basiskonzepte für die politische Bildung. Ein Diskussionsvorschlag. In: Weißeno 2008, S. 184-198.

Detjen, Joachim: Verfassungspolitische Grundsätze der freiheitlichen Demokratie. Ein fruchtbares Reservoir für Basiskonzepte der politischen Bildung. In: Weißeno 2008, S. 199-212.

Lange, Dirk: Kernkonzepte des Bürgerbewusstseins. Grundzüge einer Lerntheorie der politischen Bildung. In: Weißeno 2008, S. 245-258.

Weißeno, Georg/Joachim Detjen/Ingo Juchler/Peter Massing/ Dagmar Richter: Konzepte der Politik. Ein Kompetenzmodell. Schwalbach/Ts. 2010, 231 S.

Abb. 4: Basiskonzepte der politischen Bildung

Politisches Ordnungswissen

Weißeno	Sander	Massing	Detjen	Lange
1) Freiheit, Gleichheit, Solidarität, Frieden 2) Öffentlichkeit 3) Macht und Legitimität 4) Interessenvermittlung und politische Willensbildung 5) Politische Systeme 6) Pluralität	1) Gemeinwohl 2) Öffentlichkeit 3) Macht 4) System 5) Knappheit 6) Recht	1) Politik (Logik: Entscheidungen; Medium: Macht; Ziel: gemeinwohlorientierte verbindliche Regelungen) 2) Wirtschaft (Logik: Tausch; Medium: Geld; Ziel: Erzeugung von Gütern und Dienstleistungen zur Sicherung von Bedürfnissen) 3) Kultur (Logik: Diskursive Begründungen; Medium: Sinn; Ziel: Geltung) 4) Recht (Logik: Rechtsprechung; Medium: Recht; Ziel: Rechtsbindung) 5) Gemeinschaft (Handlungslogik: Sozialisation; Medium: Affekte; Ziel: Solidarität und Loyalität)	1) Volkssouveränität 2) Repräsentation 3) Wahlen 4) Mehrheitsprinzip 5) Opposition 6) Gewaltenteilung 7) Herrschaftsbegrenzung 8) Herrschaft des Rechts 9) Grundrechte 10) gesellschaftlicher Pluralismus	1) Vergesellschaftung (Individuum, Heterogenität, Gesellschaft, Integration, Öffentlichkeit) 2) Wertbegründung (Gerechtigkeit, Gleichheit, Frieden, Anerkennung, Freiheit) 3) Bedürfnisbefriedigung (Bedürfnis, Produktion, Wert, Verteilung, Konsum) 4) Gesellschaftswandel (Kontinuität, Entwicklung, Zeitlichkeit, Vergangenheit, Zukunft) 5) Herrschaftslegitimation (Interesse, Konflikt, Partizipation, Staatlichkeit, Herrschaft)

Politisches Struktur(ierungs)wissen
Erfahrungsubsumtion – Schemataaufbau – Strategieerwerb

Weißeno / Detjen / Juchler / Massing / Richter

Basiskonzepte

Ordnung	Gemeinwohl	Entscheidung
Gewaltenteilung, Grundrechte u.a.	Menschenwürde, Frieden u.a.	Macht, Parteien u.a.

Fachkonzepte

Arbeitsvorschläge:

1. Erweitern Sie die begrifflichen Konkretionen der drei Basiskonzepte i.S. von Weißeno/Detjen/Juchler/Massing/Richter auf der Ebene der Fachkonzepte.
2. Beurteilen Sie die Wertigkeit der neueren Basis-/Fachkonzepte für den Erwerb konzeptionellen Deutungswissens.

Tabelle aus: Henkenborg, Peter: Kompetenzorientierter Unterricht und kognitives Lernen. In: kursiv 3/2008, S. 80)

2.5 Leitbild Demokratie

Legitimationsbasis politischer Bildung

Legitimationsbasis politischer Bildung ist die Verfassung. Politische Bildung versteht sich damit als Erfüllung eines Verfassungsauftrages. In einem (bildungs)föderalen Staat sind dabei auch die Landesverfassungen zu berücksichtigen.

Leitbilder politischer Bildung in den Landesverfassungen

Entsprechend formulieren die Landesverfassungen Leitbilder politischer Bildung, so zum Beispiel: Erziehung zur „freiheitlich-demokratischen Grundordnung" (LV Baden-Württemberg, Art. 12.1) – Erziehung zu „freier, demokratischer Gesinnung" (LV Rheinland-Pfalz, Art. 33) – Erziehung zur „freiheitlich-demokratischen Haltung" (LV Sachsen, Art. 101.1) – Erziehung „im Geist der Demokratie" (LV Bayern, Art. 131.3 / LV Nordrhein-Westfalen, Art. 7) – Erziehung zur „Anerkennung der Demokratie" (LV Brandenburg, Art. 28).

Demokratielernen

Somit geht es in der politischen Bildung darum, „Politik in der Demokratie zu lernen bzw. demokratisch Politik zu lernen" (Bernhard Sutor). Im gleichen Sinn spricht der Braunschweiger Politikdidaktiker Gerhard Himmelmann von „Demokratielernen" und differenziert drei Lernbereiche:

- Demokratie als Lebensform (personale und moralische Ebene: soziale Kooperation, Offenheit/Toleranz, Rollenübernahme, Fairplay, Diskussion/Debatte),
- Demokratie als Gesellschaftsform (interaktionale Ebene: Pluralismus und Gruppenkoordination, Konkurrenz und Solidarität, Offenheit und Öffentlichkeit),
- Demokratie als Herrschaftsform (politikdimensionale Ebene: polity, policy, politics – Macht und deren Kontrolle, Grundrechte, Volkssouveränität, Gewaltenteilung, Konsensregelung).

Verflechtungsansatz

Eine solcherart verstandene verfassungsbasierte politische Bildung lässt sich zweckmäßigerweise in einem Verflechtungsansatz organisieren.

Fachdidaktik des Demokratielernens:

Sutor, Bernhard: Grundgesetz und politische Bildung. Mainz 1976, 134 S.

Himmelmann, Gerhard: Demokratie Lernen. Schwalbach/Ts. [3]2007, 343 S.

Abb. 5: Demokratielernen im Verflechtungsansatz

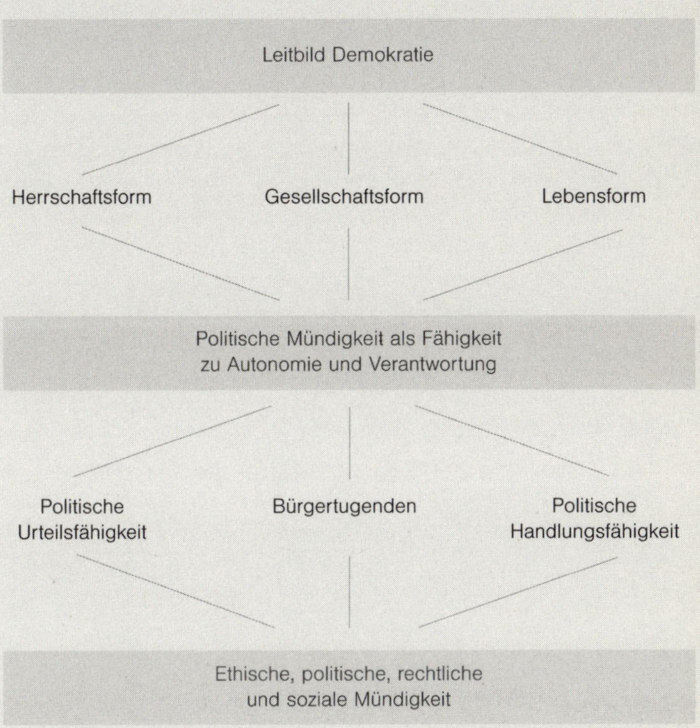

Arbeitsvorschläge:

1. Erörtern Sie das Verständnis von politischer Bildung als Demokratielernen.
2. Bauen Sie den Verflechtungsansatz hinsichtlich der Verfassungs- und Lehrplanvorgaben für die politische Bildung in Ihrem Bundesland weiter aus und diskutieren Sie seine didaktische Reichweite und Zweckmäßigkeit.

Schlüsselbegriffte aus Kapitel 2:

Politik
Dimensionen des Politischen
Politikzyklus
Trias politischen Fragens
Basiskonzepte - Fachkonzepte
Demokratielernen
Verflechtungsansatz

3. Konzeptionen

3.1 Instruktion – Konstruktion

Von der Instruktion zur Konstruktion

Fand das Bürgerleitbild der Politischen Pädagogik der 1950/60er Jahre seine Entsprechung in einem vorwiegend instruierenden Unterricht, so erforderte das Leitbild einer sich emanzipatorisch verstehenden, auf Selbstbestimmung und Selbstentwicklung zielenden politischen Bildung in den späten 1960er und den 1970er Jahren vor allem konstruktivistische Ansätze.

Unterrichtsstile

Dabei beschreibt Instruktion einen vom Lehrenden dominierten Unterrichtsstil, in dem das Darstellen, Anleiten und Erklären im Mittelpunkt stehen. Konstruktion sieht dagegen den Lernenden im Zentrum des Geschehens; entsprechend wird der Lernprozess durch Selbststeuerung, Kooperation und Kommunikation geprägt. Damit sind zugleich zwei Extreme bestimmt: eine passiv-reaktive Position des Lernenden vs. eine aktiv-reaktive Position.

Vermittlungs-/Ermöglichungsdidaktik

In der Typologie des Kaiserslauterer Bildungswissenschaftlers Rolf Arnold ausgedrückt, stehen sich damit „Vermittlungsdidaktik" und „Ermöglichungsdidaktik" gegenüber – konkret: Linearität, Führen, Inputsteuerung, Vermitteln und Standardisierung vs. Zirkularität, Selbsttätigkeit, Prozesssteuerung, Aneignen und Vielfalt.

Pragmatisch-moderate Balance

Dem heute dominierenden differenzierend-pragmatischen Bürgerleitbild entspricht keine der beiden Grundpositionen. Gefragt ist vielmehr eine pragmatisch-moderate Balance zwischen Instruktion und Destruktion, also ein Unterricht, in dessen Mittelpunkt das Anregen, Unterstützen und die Beratung stehen. Solcherart gestaltete Lernprozesse verknüpfen in der Unterrichtsdramaturgie instruktive und konstruktive Phasen.

Bildungswissenschaftliche Grundlegung des Konstruktivismus:

Arnold, Rolf: Ich lerne, also bin ich. Eine systematisch-konstruktivistische Didaktik. Heidelberg 2007, 236 S.

Abb. 6: Vermittlungs- und Ermöglichungsdidaktik

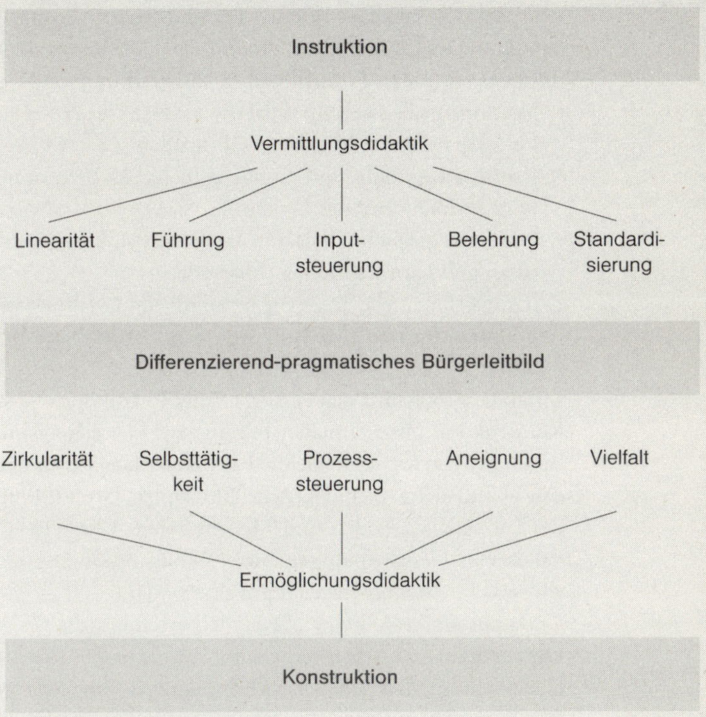

Arbeitsvorschläge:

1. Entfalten Sie ein sozialkundliches Unterrichtsthema Ihrer Wahl im Sinne der Vermittlungs- und der Ermöglichungsdidaktik.
2. Bewerten Sie die heuristischen Möglichkeiten der Vermittlungs- und Ermöglichungsdidaktik in der politischen Bildung.

3.2 Tools politischen Lernens

Politik-didaktische Werkzeuge (Tools)

Für die Planung politischer Lernprozesse bedarf es – folgt man dem Ansatz des Wiener Fachdidaktikers Wolfgang Sander – eines Quartetts von „Tools", also „Werkzeugen". Er differenziert (hier z.T. begrifflich modifiziert) in:

- lernprinzipielle Tools zur didaktischen Strukturierung von Lerngegenständen (didaktische Prinzipien),
- lernsituative Tools zum Einüben in basale Lernformen (Grundsituationen des Lernens),
- lerndramaturgische Tools zur Gestaltung von Arbeitsstrukturen und Lernsituationen (Methoden),
- lerninstrumentelle Tools zur technischen Gestaltung von Lernumgebungen (Medien) (vgl. Sander ^{2}2007, S. 189-226).

Mit diesen Tools lässt sich Lernen i.S. der Instruktion wie der Konstruktion gleichermaßen inszenieren. Die allgemeinen Bildungswissenschaften wie die Fachdidaktiken stellen dazu eine breite Palette von didaktischen Prinzipien, Grundformen des Lernens, Methoden und Medien bereit. Unter fachdidaktischen Gesichtspunkten bietet Wolfgang Sander eine vorzügliche Zusammenstellung (vgl. ebenda).

Didaktische Raute zur Organisation politischen Lernens

Daraus ergibt sich eine „Didaktische Raute", die für die Organisation politischen Lernens konstitutiv ist. Sie geht vom Gedanken aus, dass politisches Ordnungswissen in vierfacher Weise „werkzeugverknüpft" werden muss, um nachhaltig wirksam zu werden. Gleichzeitig sind aber auch die vier Tools im Blick auf die konkrete Organisation politischen Lernens untereinander „entscheidungsverknüpft".

Politikdidaktischer Rahmen der „Didaktischen Raute":

Sander, Wolfgang: Politik entdecken, Freiheit leben. Didaktische Grundlagen politischer Bildung; Schwalbach/Ts. ^{2}2007, 270 S.

Abb. 7: Die „Didaktische Raute“ politischen Lernens

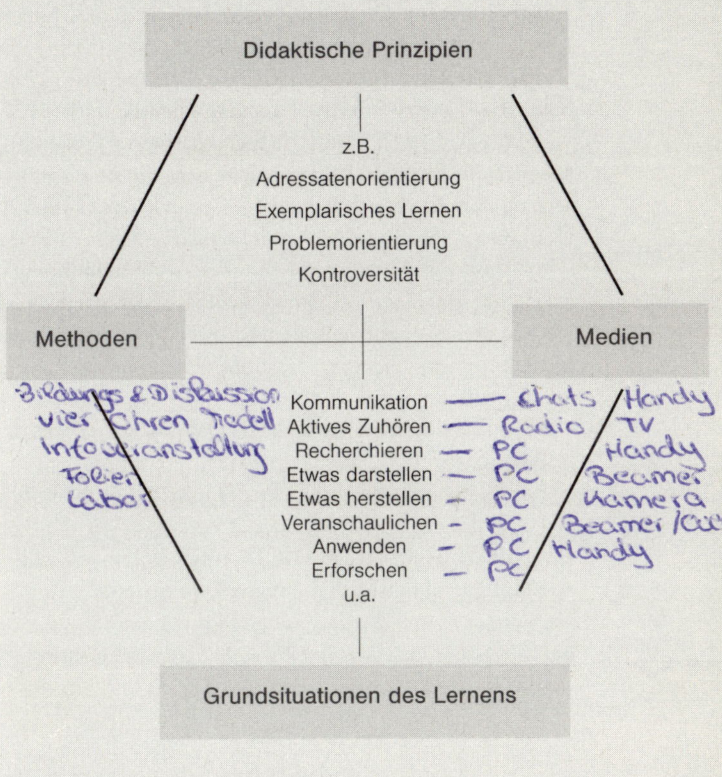

Arbeitsvorschläge:

1. Erweitern Sie die Abbildung der „Didaktischen Raute“ politischen Lernens, indem Sie die genannten Didaktischen Prinzipien und Grundsituationen des Lernens durch geeignete Methoden und Medien ergänzen.
2. Stellen Sie für ein sozialkundliches Unterrichtsthema Ihrer Wahl mögliche Tools zusammen und begründen Sie Ihre schließlichen didaktisch-methodischen Entscheidungen.

3.3 Konfliktorientierung

Die Dahrendorf-Giesecke'sche Wende

Dominierte in den 1950er Jahren ein soziologisches Denken, das auf die Erklärung des „reibungslosen Funktionierens von Gesellschaften" gerichtet war, so hob der damals in Konstanz lehrende Sozialwissenschaftler Ralf Dahrendorf 1961 die „beharrliche Tatsache sozialer Konflikte" hervor. Das fachdidaktische Korrelat dazu hat Hermann Giesecke (geb. 1932, von 1978 bis 1997 Bildungswissenschaftler in Göttingen) geliefert. Im Blick auf Widersprüche bzw. die Auseinandersetzung zwischen Menschen und Gruppen leitete er 1965 elf „Kategorien" ab: Konflikt – Konkretheit – Macht – Recht – Funktionszusammenhang – Interesse – Mitbestimmung – Solidarität – Ideologie – Geschichtlichkeit – Menschenwürde.

Kategorien des Politischen

Gieseckes Konzept steht damit für die Überwindung der bis dahin dominierenden „Institutionenkunde". Es beruht auf vier Annahmen:

- Konflikte sind das entscheidende Definitionsmerkmal des Politischen,
- Konflikte fungieren als Prinzip der Inhaltsauswahl für den Politikunterricht,
- Konflikte lassen sich an Hand von Kategorien erfassen,
- Konflikte mobilisieren politische Lernprozesse.

Neue Wege vs. Einwände

Dass dieser Ansatz der politischen Bildung neue Wege wies, liegt auf der Hand, dass er Einwände hervorrief ebenso.

Die Giesecke'sche Wende:

Giesecke, Hermann: Didaktik der politischen Bildung. München [8]1973 (= Nachdr. der neubearbeiteten 7. Aufl. [1. Aufl. 1965]), 240 S.

Giesecke, Hermann: Kleine Didaktik des politischen Unterrichts (= Politische Bildung, Kleine Reihe). Schwalbach/Ts. 1997, 38 S.

Gagel, Walter: Drei didaktische Konzeptionen – Giesecke, Hilligen, Schmiederer (= Politische Bildung, Kleine Reihe). Schwalbach/Ts. 2007, 45 S.

Pohl, Kerstin (Hrsg.): Positionen der politischen Bildung. Schwalbach/Ts. [2]2007, S. 62-75 [Hermann Giesecke].

Abb. 8: Konfliktorientierung – Konfliktanalyse

„In meiner 'Didaktik der politischen Bildung' habe ich versucht, u.a. folgende politisch-didaktischen Kategorien zu formulieren:

- Inwiefern bin ich selbst betroffen? (Interesse)
- Worin besteht der Kern der Auseinandersetzung? (Konflikt)
- Welche Rechtslage liegt vor? (Recht)
- Welcher Einfluss kann geltend gemacht werden? (Ideologie)
- Mit wem muss ich mich zur Wahrnehmung meiner Interessen verbünden? (Solidarität)
- Welche Möglichkeiten der Mitwirkung habe ich? (Mitbestimmung)"

(Hermann Giesecke 1997, S. 23)

⇩

Konfliktanalyse

1. Konfrontation mit dem Konflikt (einschl. spontaner Stellungnahmen)
2. Analyse des Konflikts (Nutzung der Kategorien bzw. Leitfragen)
3. Stellungnahme der Schüler/innen
4. Kontroverse (z.B. Pro-Kontra-Diskussion)
5. Generalisierung (Wofür steht der Konflikt?) und Methodisierung (Instrumente des Vorgehens)

(Sibylle Reinhardt 2005, S. 89)

Arbeitsvorschläge:

1. Erarbeiten Sie für ein aktuelles politisches Problem Ihrer Wahl eine politikdidaktische Konfliktanalyse.
2. Erörtern Sie an Ihrer Konfliktanalyse die vier konfliktdidaktischen Annahmen Hermann Gieseckes.
3. Beurteilen Sie den heuristischen Wert einer politikdidaktischen Konfliktanalyse.

3.4 Problemorientierung

Die Hilligen'sche Problemorientierung

Wie sehr die Giesecke'sche Wende 1965 die politische Bildung veränderte, zeigt sich in der schon sehr bald festzustellenden Konjunktur der Konzeptionen. Ein Beispiel dafür ist Wolfgang Hilligen (1916-2003). Zwar unterstrich auch er die fachdidaktische Relevanz von Konflikten, erweiterte das Spektrum jedoch, indem er sein Augenmerk auf Probleme fokussierte, auf das also, was im altgriechischen Sinn des Wortes „einer Lösung bedarf".

Existenzielle Herausforderungen

Das gilt insbesondere für lebensexistenzielle Probleme – z.B. die Umweltzerstörung, eines der „fundamentalen Probleme" in der Didaktik Hilligens (fundamental deshalb, weil es das „Überleben" ebenso wie das „menschenwürdige Leben" tangiert und sich daraus eine unmittelbare „Herausforderung" ergibt, wobei „Gefahren" und „Chancen" eng beieinanderliegen).

Sehen – Beurteilen – Handeln

Detailliert dargelegt hat er sein Konzept in dem 1960er bis 80er Jahren mehrfach neubearbeiteten Unterrichtswerk (Schülerbuch und Lehrerhandbuch für die Jahrgangsstufen 7-10) „Sehen – Beurteilen – Handeln".

Dominanz der Problemorientierung

Andere Fachdidaktiker gingen von einem weitergefassten Problembegriff aus, darunter 1976 Bernhard Sutor. Entscheidend bleibt, dass der Problemansatz seit Mitte der 1970er Jahre als konstitutiv anzusehen ist. Entsprechend prägt er auch alle aktuell gängigen Unterrichtswerke der politischen Bildung.

Fachdidaktik der Problemorientierung:

Hilligen, Wolfgang: Didaktische Zugänge in die politische Bildung. Schwalbach/Ts. 1991, 47 S.

Gagel, Walter: Drei didaktische Konzeptionen – Giesecke, Hilligen, Schmiederer (= Politische Bildung, Kleine Reihe). Schwalbach/Ts. 2007, 45 S.

Hilligen Wolfgang: Sehen – Beurteilen – Handeln. Arbeits- und Lesebuch zur Politischen Bildung und Sozialkunde, 7.-10. Schuljahr. Frankfurt a.M., Neubearbeitung 1969 ff., 320 S.

Abb. 9: Problemorientierung – Problemanalyse

„Einen didaktisch-methodischen Zugang (der sowohl auf die Gewinnung von Kenntnissen und Erkenntnissen als auch auf den Erwerb von übertragbaren Instrumenten zielt), mit dessen Hilfe die Lernenden [...] Elemente von policy, politics und polity miteinander verknüpfen können, erblicke ich in allgemeinen Entscheidungsfragen. Diese ermöglichen es, Alternativen zu erfassen, wenn es um die Verteilung von Eigentum und Macht, um politische Beteiligung, um Entscheidungen für Mittel der Durchsetzung und um die Beurteilung von Konsequenzen von Entscheidungen geht."

(Wolfgang Hilligen 1991, S. 26)

⇩

Problemanalyse

1. Worin besteht das Problem?
2. Wie ist das Problem entstanden?
3. Welche Interessen werden durch das Problem berührt?
4. Welche Problemlösungen sind denkbar/möglich?
5. Welche Bedeutung haben die Lösungen für ...?

(Walter Gagel 2007, S. 18)

Arbeitsvorschläge:

1. Erarbeiten Sie für ein aktuelles politisches Problem Ihrer Wahl eine politikdidaktische Problemanalyse.
2. Behandeln Sie dasselbe Thema nach dem Konfliktanalyse-Schema. Vergleichen Sie anschließend Ihre Problem- und Konfliktanalyse-Ergebnisse.
3. Beurteilen Sie den heuristischen Wert einer politikdidaktischen Problemanalyse (auch im Vergleich mit einer Konfliktanalyse).

3.5 Pluralisierung der Konzeptionen

Vielfalt der Ansätze

„Die Politikdidaktik in Deutschland zu Beginn des 21. Jahrhunderts macht auf den ersten Blick den Eindruck einer sehr heterogenen Profession. Man kann eine ‚Pluralisierung' beobachten, es ist die Rede von einer „pragmatischen Wende' und einer ‚nachkonzeptionellen Phase', die die Zeit ‚großer Konzeptionen' abgelöst habe." (Pohl 2007, S. 9). Die Berliner Fachdidaktikerin Kerstin Pohl trifft damit den Kern der aktuellen fachdidaktischen Situation.

Besonders relevante Ansätze

Dabei werden neben der Problemorientierung besonders fünf weitere Ansätze hervorgehoben:

- Schülerorientierung: Auswahl und Thematisierung der Lerngegenstände im Blick auf Lebenserfahrungen und Lerninteressen,
- Exemplarisches Lernen: Auswahl und Thematisierung der Lerngegenstände im Blick auf die Gewinnung verallgemeinerbarer Erkenntnisse über die Politik,
- Kontroversität: Auswahl und Thematisierung der Lerngegenstände im Blick auf die kontroverse Struktur des Politischen,
- Handlungsorientierung: Auswahl und Thematisierung der Lerngegenstände im Blick auf die Ermöglichung von Aktivität und Produktivität,
- Wissenschaftsorientierung: Auswahl und Thematisierung der Lerngegenstände im Blick auf wissenschaftspropädeutische Kompetenzen.

Unterrichtliche Praxis

Je stärker diese Pluralisierung der Konzeptionen in der unterrichtlichen Praxis zum Ausdruck kommt, je differenzierter ist politisch-sozialkundliches Lernen möglich.

Einblicke in die Pluralisierung fachdidaktischer Konzeptionen:

Pohl, Kerstin (Hrsg.): Positionen der politischen Bildung 1. Ein Interviewbuch zur Politikdidaktik. Schwalbach/Ts. [2]2007, 351 S.

Detjen, Joachim: Politische Bildung. Geschichte und Gegenwart in Deutschland. München 2007, 510 S.

Abb. 10: Positionen der politischen Bildung

„Meine Didaktik des politischen Unterrichts basiert auf der Praktischen Philosophie."

(Bernhard Sutor)

„Politikunterricht hat schon viel geleistet, wenn aus ihm Zeitungsleser mit kritischem Verstand hervorgehen."

(Gotthard Breit)

„Politikdidaktik ist mir zu eng, ich verstehe mich als Erziehungswissenschaftler."

(Tilman Grammes)

„Im Durchschnitt leidet unsere Lernkultur an einer unzureichenden Schülerorientierung genauso wie an einer gering ausgeprägten Problemorientierung."

(Peter Henkenborg)

„Es geht im Kern um den Aufbau einer grundlegenden Vorstellung über politische Zusammenhänge und um die Fähigkeit, politisches Handeln oder Unterlassen beurteilen zu können."

(Hermann Giesecke)

„Ich beharre auf meinem komplexen Demokratiebegriff und behaupte starrsinnig, dass Demokratielernen nur als Politiklernen möglich ist."

(Peter Massing)

„Politische Bildung befähigt Menschen dazu, ihre politische Freiheit zu leben. Sie ist Anstiftung zur Freiheit und damit selbst schon ein Teil der politischen Kultur der Demokratie."

(Wolfgang Sander)

Zitate aus: Pohl, Kerstin (Hrsg.): Positionen der politischen Bildung 1, Ein Interviewbuch zur Politikdidaktik; Schwalbach/Ts. ^{2}2007

Arbeitsvorschläge:

1. Erörtern Sie die didaktischen Positionen von Gotthard Breit, Hermann Giesecke, Tilman Grammes, Peter Henkenborg, Peter Massing, Wolfgang Sander und Bernhard Sutor im Blick auf deren unterrichtliche Umsetzung.
2. Konkretisieren Sie an einem aktuellen politischen Thema die politikunterrichtlichen Ansätze der Problem-, Schüler-, Handlungs- und Wissenschaftsorientierung sowie des Exemplarischen Lernens und der Kontroversität. Bewerten Sie schließlich die didaktischen Möglichkeiten der einzelnen Ansätze.

3.6 Makromethoden

Makro- und Mikromethoden

Neuere Lehrbücher der politischen Bildung zielen nicht allein auf eine problemorientierte Entfaltung der Lehrplanvorgaben, sondern sie enthalten auch entsprechende „Methodenseiten" und lenken so den Blick auf das Kognitive wie das Methodische gleichermaßen. Dabei werden sowohl Makro- wie Mikromethoden als lerndramaturgische „Tools" (vgl. 3.2.) berücksichtigt.

Lerndramaturgische Makroebene

Eine hilfreiche Definition dieser Methodenkatalogisierung haben die Politikdidaktiker Hans-Werner Kuhn und Peter Massing gegeben: Danach bestimmen Makromethoden die Gesamtheit eines Lernprozesses und stehen im Zentrum einer Unterrichtseinheit (in: Frech/Kuhn/Massing 2004, S. 9). Makromethoden sind demnach z.B. die Fallanalyse, Talkshow, Pro-Kontra-Debatte, Stationenarbeit, Erkundung, Sozialstudie, Expertenbefragung, das Plan- und Entscheidungsspiel oder die Zukunftswerkstatt.

Segmente der Makromethoden

Der Fachdidaktiker Dirk Lange gliedert die Makromethoden in drei Segmente (Lange 2007):

- Methoden politischen Forschens,
- Methoden politischer Intervention,
- Methoden politischer Simulation.

Methodengeleiteter Unterricht

Makromethoden sind damit ein wesentlicher Fundus im Repertoire eines methodengeleiteten Unterrichts. Dabei stehen drei Aspekte im Mittelpunkt:

- subjektnahes Lernen,
- kommunikationsgeleitetes Lernen,
- prozessorientiertes Lernen.

Makromethodik politischer Bildung:

Frech, Siegfried/Hans-Werner Kuhn/Peter Massing (Hrsg.): Methodentraining für den Politikunterricht. Schwalbach/Ts. 2004, 239 S.

Breit, Gotthart u.a. (Hrsg.): Methodentraining für den Politikunterricht II. Schwalbach/Ts. 2007, 239 S.

Lange, Dirk (Hrsg.): Methoden politischer Bildung (= Basiswissen politischer Bildung, Bd. 6). Baltmannsweiler 2007, 214 S.

Reinhardt, Sibylle/Dagmar Richter: Politik-Methodik. Handbuch für die Sekundarstufe I und II. Berlin 2007, 256 S.

Besand, Anja/Wolfgang Sander (Hrsg.): Handbuch Medien in der politischen Bildung. Schwalbach/Ts. 2010, 640 S.

Abb. 11: Makromethoden politischer Bildung

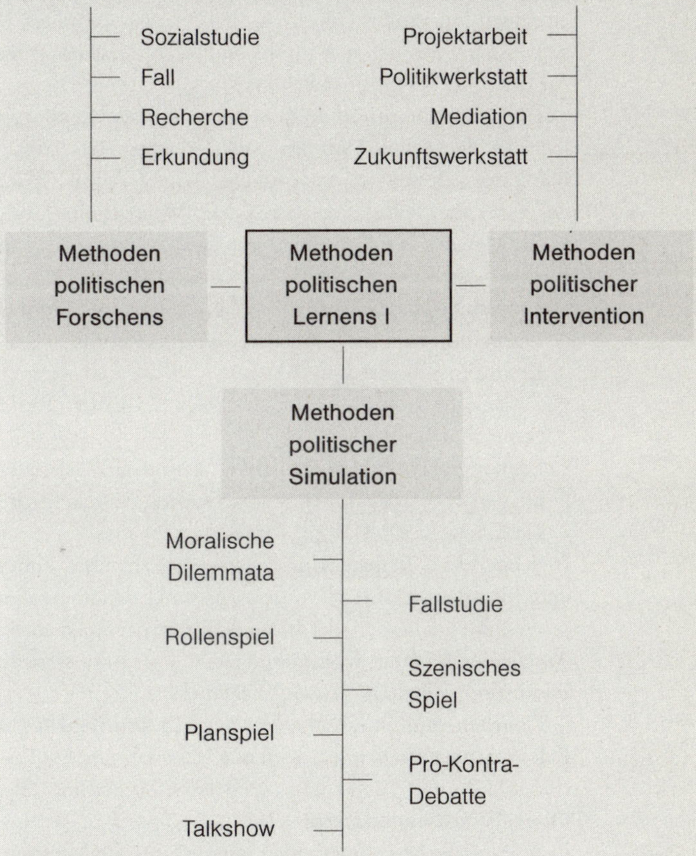

Arbeitsvorschläge:

1. Ergänzen Sie den Überblick über Makromethoden politischen Lernens durch weitere Methoden politischen Forschens, politischer Intervention und politischer Simulation.
2. Konkretisieren Sie an einem aktuellen politischen Thema die Makromethoden politischen Lernens und bewerten Sie die jeweiligen didaktisch-methodischen Möglichkeiten.

3.7 Mikromethoden

Unterrichtliche Mikrostruktur

Als Mikromethoden werden Unterrichtsformen, Arbeitsformen und Aktionsformen zusammengefasst, die in den einzelnen Phasen des Unterrichts zum Tragen kommen. Es geht also um die Inszenierungstechniken der Gestaltung von Arbeits- und Erkenntnisschritten.

Unterrichtsgespräch

Die dabei „empirisch und normativ zentrale Handlungsform in der Schule" ist das Unterrichtsgespräch (Sibylle Reinhard). Dessen unterschiedliche Ausprägungen fächert der Karlsruher Politikdidaktiker Georg Weißeno (in: Frech/Kuhn/Massing 2004, S. 56) unter drei Aspekten auf – im Blick auf die:

- Unterrichtsphase (Assoziations-, Einstiegs-, Deduktions-, Erarbeitungs-, Lehr-, Wiederholungs-, Koordinations-, Kontroll-, Schlussgespräch usw.),
- Organisation (Kreis-, Gruppen-, Zweier-, Partner-, Rundgespräch u. dgl.),
- Lenkungsaktivität (offenes, freies, kaum/stark gelenktes, fragend-entwickelndes, Impulse setzendes oder sokratisches Gespräch etc.).

In jedem Fall dienen „Unterrichtsgespräche über Politik dem Informationsaustausch, dem Meinungsaustausch, dem systematischen Lernen, der Ideologiekritik, der emotionalen Auseinandersetzung, der Einübung in öffentliches politisches Diskussionsverhalten" (Georg Weißeno).

Weitere Mikromethoden

Daneben sind eine Reihe weiterer Mikromethoden von Relevanz. Sie betreffen u.a. auch den Material- und Medieneinsatz (z.B. Texte, Karikaturen, Statistiken, Diagramme, Tafel, OVH, Whiteboard, Internet).

Variierungsgebot

Wie für die Makromethoden gilt auch für die Mikromethoden ein „Variierungsgebot", um ein möglichst breit und differenziert angelegtes „Methodentraining" zu gewährleisten.

Mikromethodik politischer Bildung:

Frech, Siegfried/Hans-Werner Kuhn/Peter Massing (Hrsg.): Methodentraining für den Politikunterricht. Schwalbach/Ts. 2004, 239 S.

Breit, Gotthard u.a. (Hrsg.): Methodentraining für den Politikunterricht II. Schwalbach/Ts. 2007, 239 S.

Abb. 12: Mikromethoden politischer Bildung

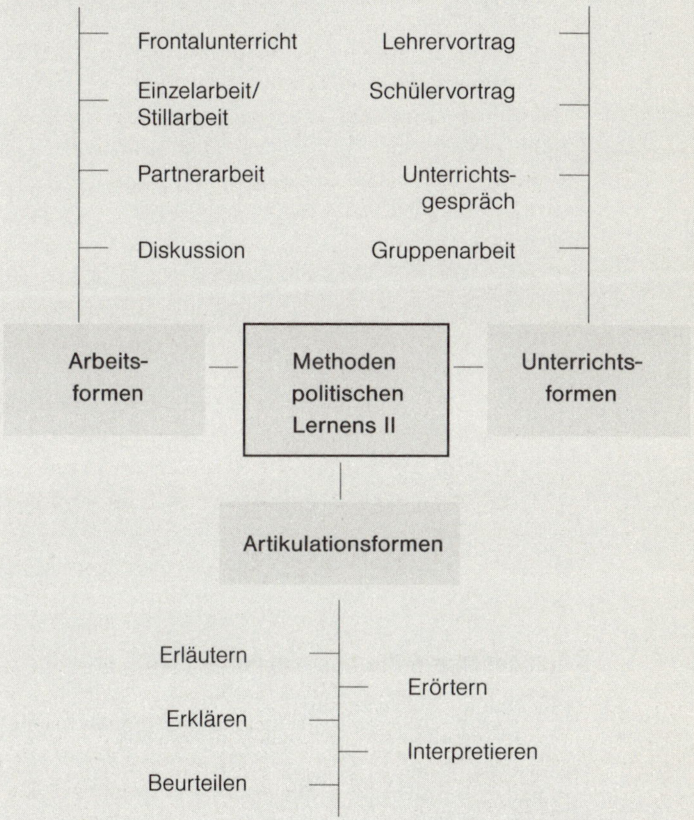

Arbeitsvorschläge:

1. Ergänzen Sie den Überblick über Mikromethoden politischen Lernens durch weitere Arbeits-, Unterrichts- und Aktionsformen.
2. Konkretisieren Sie an einem aktuellen politischen Thema die Mikromethoden politischen Lernens und bewerten Sie die jeweiligen didaktisch-methodischen Möglichkeiten.

Schlüsselbegriffte aus Kapitel 3:

Instruktion - Konstruktion
Vermittlungsdidaktik - Ermöglichungsdidaktik
Didaktische Raute
Dahrendorf-Giesecke'sche Wende
Konfliktorientierung
Konfliktanalyse
Problemorientierung
Problemanalyse
Pluralisierung der Konzeptionen
Makromethoden
Mikromethoden

4. Kompetenzen

4.1 Lernziele – Kompetenzen

Von der Input- zur Output-orientierung

Spätestens seit der ersten PISA-Studie (2000) wurde offenbar, dass der bis dahin in Deutschland verfolgte Weg der input-orientierten Wissensvermittlung bedenklich geworden war. Entsprechend stellte der Bildungswissenschaftler Rainer Lersch 2006 fest: „Wissen muss anschlussfähig an problemorientiertes Denken und reale Anwendungssituationen sein, wenn es als ‚lebendiges Wissen' bezeichnet werden soll." Folgt man diesem Ansatz, so muss eine Output-Perspektive des Lernens, also die Frage nach den erreichten Fähigkeiten, Fertigkeiten sowie Einstellungen, im Vordergrund stehen.

Lernziele

Entsprechend müssen die Lernziele das angestrebte Lernergebnis operationalisieren. Das gilt für alle drei Lernzielebenen: die kognitive, affektive und methodische Ebene. Werden kognitive Lernziele aber (im Gegensatz zu affektiven und methodischen Lernzielen) i.A. mikrodimensioniert formuliert, so gehen Fähigkeiten über die Mikroebene hinaus.

Kompetenzen

Denn Kompetenzen sind auf der Meso- bis Makroebene angesiedelt. Für die politische Bildung lassen sie sich in sechs Bereichen präzisieren: als Wissens-, Urteils-, Sozial-, Selbst-, Handlungs- und Methodenkompetenz.

Paradigmenwechsel

Der Schritt von Lernziel- zu Kompetenzformulierungen impliziert zugleich einen Paradigmenwechsel: Nicht mehr die Stoffe sind das Ziel, sondern die an den Stoffen erwerbbaren Fähigkeiten.

Theorie und Praxis der Kompetenzorientierung:

Backhaus, Kerstin/Klaus Moegling/Susanne Rosenkranz: Kompetenzorientierung im Politikunterricht. Baltmannsweiler 2008, 187 S.

Redaktion Wochenschau: Kompetenzen im Politikunterricht (= Wochenschau Sonderausgabe). Schwalbach/Ts. 2010, 88 S.

Juchler, Ingo (Hrsg.): Kompetenzen in der politische Bildung. Schwalbach/Ts. 2010, 250 S.

Weißeno, Georg/Joachim Detjen/Ingo Juchler/Peter Massing/ Dagmar Richter: Konzepte der Politik. Ein Kompetenzmodell. Schwalbach/Ts. 2010, 231 S.

Abb. 13: Lernziel- und Kompetenzorientierung in der politischen Bildung

Lernziele

Kognitive Lernzielebene	*Affektive Lernzielebene*	*Methodische Lernzielebene*
(Überblick, [Er-]Kenntnis, Einsichten in Sachverhalte)	*(Bereitschaft zur „demokratischen Gesinnung")*	*(Beherrschung von Erkenntnis-/ Arbeitstechniken)*

Lernzielorientierung → Kompetenzentwicklung

(Fakten-/ Deutungswissen)	*(Kooperation/ Kommunikation)*	*(Verhaltens-strategie)*	*(Sachurteile/- Werturteile)*	*(Wissens-strategie)*
Wissens-kompetenz	*Sozial-kompetenz*	*Handlungs-kompetenz*	*Urteils-kompetenz*	*Methoden-kompetenz*

Kompetenzen

Arbeitsvorschläge:

1. Konkretisieren Sie an Beispielen aus der politischen Bildung die drei Lernzielebenen und fünf Kompetenzbereiche.
2. Diskutieren Sie den Befund: Kompetenzorientierter Unterricht denkt den lernzielorientierten Unterrichtsansatz konsequent weiter.

4.2 Bildungsstandards

Die bildungskonzeptionelle Wende 2003

Die durch die erste PISA-Studie (2000) ausgelöste bildungskonzeptionelle Wende in Deutschland wurde 2003 offensichtlich: Die Kultusministerkonferenz beschloss für die Fächer Deutsch, Mathematik sowie die erste Fremdsprache am Kompetenzkonzept orientierte Bildungsstandards.

Bildungsstandards für die politische Bildung

Parallel erarbeitete die Gesellschaft für Politikdidaktik und politische Jugend- und Erwachsenenbildung (GPJE) eine Entwurfsfassung von „Bildungsstandards für die politische Bildung". Bis heute ist es allerdings bei diesem Ende 2003 vorgelegten „Entwurf" geblieben. In ihm sind Bildungsstandards für vier Schullaufbahn-Zäsuren ausgewiesen: die Abschlüsse der Grundschule, der Sekundarstufe I, der gymnasialen Oberstufe sowie im beruflichen Bildungswesen.

Konzeptionelles Deutungswissen

Das Bezugssystem der Bildungsstandards hat der GPJE-Entwurf als „konzeptionelles Deutungswissen" umrissen und darunter

- politische Urteilsfähigkeit,
- politische Handlungsfähigkeit
- sowie methodische Fähigkeiten

subsumiert, für die genannten vier Bildungszäsuren definiert und an Aufgabenbeispielen konkretisiert.

Prozedurales Wissen

Dies fördert die Chance eines PISA-orientierten Schrittes vom deklarativen zum prozeduralen Wissen, also vom Wissen um Inhalte, Begriffe und Konzepte hin zum lebenspraktischen Anwendungsbezug.

Theorie und Praxis der Bildungsstandards:

Gesellschaft für Politikdidaktik und politische Jugend- und Erwachsenenbildung (Hrsg.): Anforderungen an Nationale Bildungsstandards für den Fachunterricht in der Politischen Bildung an Schulen. Ein Entwurf. Schwalbach/Ts. 2003, 59 S.

Redaktionen Politische Bildung und Kursiv (Hrsg.): Bildungsstandards. Evaluation in der politischen Bildung. Schwalbach/Ts. 2005, 173 S.

Abb. 14: Das GPJE-Konzept der Bildungsstandards

Konzeptionelles Deutungswissen

„Es handelt sich um Wissen, das sich auf grundlegende Konzepte für das Verstehen von Politik, Wirtschaft, Gesellschaft und Recht bezieht. In der Psychologie werden solche Konzepte als Schemata, Scripts und mentale Modelle bezeichnet." Politische Bildung will somit in erster Linie jenes Wissen verbessern, von dem aus Schülerinnen und Schüler ihre Vorstellungen und Wahrnehmungen von Politik im weiteren Sinne strukturieren." (GPJE, 14)

Politische Urteilsfähigkeit

Politische Ereignisse, Probleme und Kontroversen sowie Fragen der wirtschaftlichen und gesellschaftlichen Entwicklung unter Sachaspekten und Wertaspekten analysieren und reflektierend beurteilen können

Politische Handlungsfähigkeit

Meinungen, Überzeugungen und Interessen formulieren, vor anderen angemessen vertreten, Aushandlungsprozesse führen und Kompromisse schließen können

Methodische Fähigkeiten

Sich selbstständig über wirtschaftliche, rechtliche und gesellschaftliche Fragen orientieren, fachliche Themen mit unterschiedlichen Methoden bearbeiten und das eigene politische Wertelernen organisieren können

Arbeitsvorschläge:

1. Erörtern Sie das Konzept der Bildungsstandards im Blick auf die unterrichtlichen Grundansätze der Instruktion und Konstruktion.
2. Beurteilen Sie, inwieweit Bildungsstandards dazu beitragen können, deklaratives Wissen in prozedurales Wissen zu überführen.

4.3 Anforderungsbereiche

Operatoren

Einer der Angelpunkte gelingenden Unterrichts ist die Dosierung von Arbeitsaufträgen. Zu empfehlen ist eine zweckmäßige Mischung von Wiedergeben, Erörtern, Erklären und Bewerten, um nur einige der gängigen Operatoren zu nennen.

Systematisierung der Operatoren

Eine besonders hilfreiche Systematisierung der Operatoren stellen die seit 1989 geltenden „Einheitlichen Prüfungsanforderungen" für das Sozialkunde-/Politikabitur. Damit wurde ein Katalog von Arbeitsanweisungen formuliert, der seither (auch mehr oder weniger) die Arbeitsaufträge in den einschlägigen Unterrichtswerken prägt – nicht nur in der Sekundarstufe II, sondern in abgestufter Weise auch in der Sekundarstufe I.

Anforderungsbereiche

Dabei werden drei Anforderungsbereiche ausdifferenziert:

- Anforderungsbereich I: Reproduktionsleistungen,
- Anforderungsbereich II: Reorganisations- und Transferleistungen,
- Anforderungsbereich III: Reflexions- und Problemlösungsleistungen.

In der Summe decken die drei Anforderungsbereiche die Palette dessen ab, was allgemein im Unterricht geleistet werden sollte.

Bewertungsbereiche

Gute und bessere Bewertungen setzen Leistungen voraus, die mit einem wesentlichen Anteil dem Anforderungsbereich III zugeordnet werden können. Ebenso kann eine ausreichende Bewertung nicht allein durch Leistungen im Anforderungsbereich I erreicht werden.

Planungshilfe und Leistungsbewertung

Die drei Anforderungsbereiche sind also einerseits eine unterrichtliche Planungshilfe, andererseits ein Maßstab für die Leistungsbewertung.

Anforderungsbereiche im Abitur:

Kultusministerkonferenz (Hrsg.): Einheitliche Prüfungsanforderungen in der Abiturprüfung Sozialkunde/Politik. Beschluss vom 1.12.1989 i.d.F. vom 17.11.2005. München/Neuwied 2005, 109 S.

Abb. 15: Häufige Operatoren der drei Anforderungsebenen

Der Anforderungsbereich I umfasst das Wiedergeben von Sachverhalten aus einem abgegrenzten Gebiet unter rein reproduktiver Anwendung eingeübter Arbeitstechniken	Der Anforderungsbereich II umfasst das selbstständige Erklären, Bearbeiten und Ordnen bekannter Inhalte sowie das angemessene Anwenden gelernter Inhalte und anderer Methoden auf andere Sachverhalte	Der Anforderungsbereich III umfasst den reflexiven Umgang mit neuen Problemstellungen, den eingesetzten Methoden und gewonnenen Erkenntnissen, um zu eigenständigen Begründungen, Folgerungen, Deutungen und Wertungen zu gelangen
aufzählen	auswerten	begründen
beschreiben	charakterisieren	beurteilen
darlegen	einordnen	bewerten
nennen	erklären	diskutieren
wiedergeben	vergleichen	problematisieren
zusammenfassen	widerlegen	Stellung nehmen
....	....	....

Arbeitsvorschläge:

1. Konturieren Sie die drei Anforderungsbereiche durch weitere zweckmäßige Operatoren.
2. Beurteilen Sie die Operatoren der drei Anforderungsbereiche unter dem Gesichtspunkt unterrichtlicher Planungshilfe sowie als Maßstab für die Leistungsbewertung.

4.4 Fragefähigkeit

Lernen als Welterschließung

Wenn man schulisches Lernen als didaktisch strukturierte Welterschließung definiert, dann basiert es auf dem in den frühkindlichen Fragealtersphasen Grundgelegten. Das Fundament ist also die Frage nach dem Namen der Dinge (erstes Fragealter um das zweite Lebensjahr) und die Frage nach dem Warum der Dinge (zweites Fragealter um die Mitte des dritten Lebensjahres).

Systematischer Fragenkatalog

Aufgabe von Vorschule und Schule ist es damit, diese unsystematische Fragekultur in eine systematische Fragekultur zu überführen. Ein entscheidendes Ziel von Unterricht muss deshalb darin bestehen, die Fähigkeit auszubilden, systematisch fragen zu lernen und an Hand eines Fragetyp-Reservoirs weiterführende Antworten zu erschließen.

Leitfragen

Dabei sind insbesondere sechs Ansätze zur Gewinnung von Leitfragen relevant:

- Exemplarität: Verallgemeinerung eines Einzelphänomens,
- Kontroversität: Bewertung der „zwei Seiten“ eines Sachverhaltes,
- Aktualität: Thematisierung von Gegenwartsproblemen,
- Schülerorientierung: Problemansiedlung in der mentalen Adressatennähe,
- Konfliktorientierung: Analyse von Auseinandersetzungs- und Widerspruchskonstellationen,
- Handlungsorientierung: Erfahrbarmachung und Test von Strukturen im Lebensalltag.

Lernen des Lernens

Eine solcherart differenzierte Fragekompetenz ist ein Schlüssel zum Lernen politischen Lernens.

Praxis politischer Leitfragenorientierung:

Kayser, Jörg: Unterrichtsplanung/Unterrichtsentwurf. In: Reinhardt, Volker (Hrsg.): Planung Politischer Bildung (= Basiswissen Politische Bildung 5). Baltmannsweiler 2007, S. 23-30.

Abb. 16: Ansätze einer politikdidaktischen Fragekultur am Beispiel „Der deutsche Föderalismus“

„Vor zweieinhalb Jahrtausenden ging Sokrates durch die Straßen Athens und brachte seinen Landsleuten das Fragen bei: das Zutrauen zu dem, was sie selber von der Welt sehen und verstehen konnten (...), wenn sie es nur wagten.“

(Hartmut von Hentig: Einführung zu Martin Wagenscheins Verstehen lernen; Weinheim/Basel [8]1989, S. 7)

Der deutsche Föderalismus – ...

Exemplarität

... – Inwieweit ist er ein Vorbild für Europa?

Kontroversität

... – Eher pro oder eher kontra?

Aktualität

... – Inwieweit gelingt seine Reform?

Schülerorientierung

... – Wo habe ich die besten Berufschancen?

Konfliktorientierung

... – Inwieweit sind Konflikte zwischen Bund und Ländern programmiert?

Handlungsorientierung

... – Inwieweit ist er ein Modell für die Leitung und Mitbestimmung in der Schule?

Arbeitsvorschläge:

1. Konkretisieren Sie die sechs Leitfragen-Ansätze an einem politikdidaktischen Themenbeispiel Ihrer Wahl.
2. Erörtern und beurteilen Sie den Befund: Eine differenzierte Fragekultur ist ein Schlüssel zum Lernen politischen Lernens.

4.5 Transferfähigkeit

Anforderungsbereich II

Transferleistungen – als zentrale Elemente des Anforderungsbereiches II – sind in der fachdidaktischen Literatur ein bisher weitgehend vernachlässigtes Thema. Sie bilden jedoch zusammen mit der Frage- und Urteilsfähigkeit die fundamentale Kompetenztrias der politischen Bildung.

Transferkompetenz

Definiert werden kann die Transferkompetenz durch die Unterscheidung von vertikalen und horizontalen Transferleistungen. Danach liegt eine vertikale Transferleistung vor, wenn von verfügbaren Kenntnissen und Fertigkeiten aus „höhere" Komplexitätsebenen erreicht werden. Hingegen lässt sich ein horizontaler Transfer als Vernetzung vorhandener Wissensbestände bzw. die Nutzung vorhandenen Wissens in neuen Kontexten beschreiben.

Transfertypen

Beide Transfertypen spielen in der politischen Bildung eine Rolle. In Unterrichtsentwürfen wird ihnen deshalb zumeist auch eine eigene Unterrichtsphase (Transferphase) zugewiesen. In deren Mittelpunkt stehen in der Regel Materialien, die im Blick auf Gemeinsamkeiten und Unterschiede, Ähnlichkeiten, Analogien, Wirkungszusammenhänge, Problemkonstanten etc. in Kontrast zum Bekannten oder zuvor Erarbeiteten gestellt werden. Wichtige Lernmuster sind dabei das Denken in Singularitäten/Individualitäten und Subsummierungen/Typisierungen. Sie beziehen sich zumeist auf das Begriffs- und Theoriewissen sowie die Erscheinungsformen des Politischen (Ereignisse/Akteure/Institutionen/Probleme/Kategorien/Werte).

Differenziertes Politikdenken

Politisches Transferlernen zielt damit vor allem auf strukturierendes, systematisierendes, generalisierendes, typisierendes und perspektivisches Politikdenken.

Transferlernen in der politischen Bildung:

Kremb, Klaus: Transferlernen. Eine Kernkompetenz politischer Bildung [Arbeitstitel] (= Politische Bildung, Kleine Reihe). Schwalbach/Ts. 2011, 48 S.

Abb. 17: Aspekte der Transferfähigkeit in der politischen Bildung

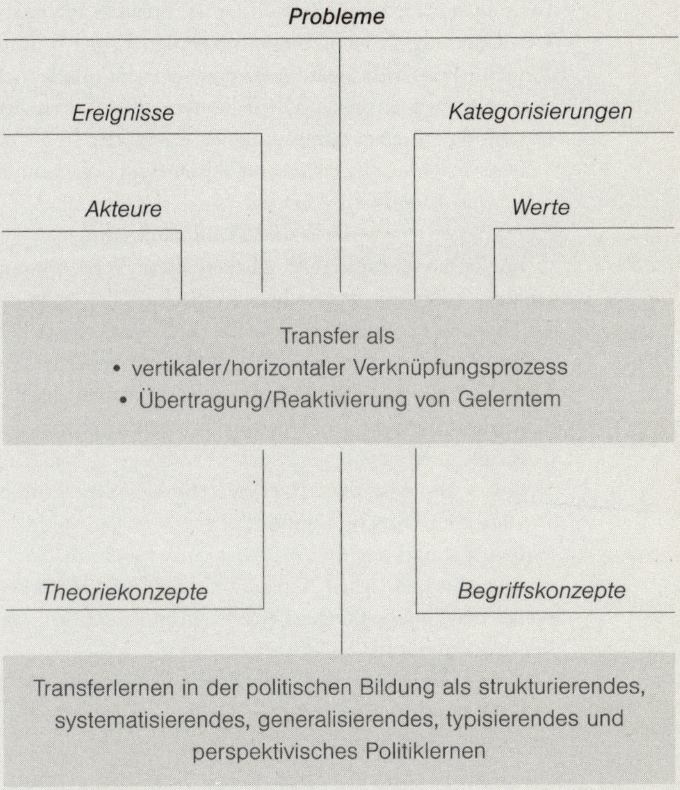

Arbeitsvorschläge:

1. Erörtern Sie die in Abb. 17 dargestellten sieben Zweige der Transferfähigkeit an aktuellen Beispielen aus der politischen Bildung.
2. Diskutieren Sie an diesen Beispielen das auf strukturierendes, systematisierendes, generalisierendes und perspektivisches Politikdenken gerichtete Ziel politischen Transferlernens.

4.6 Urteilsfähigkeit

Anforderungsbereich III

Politische Urteilsfähigkeit – so Bernhard Sutor 1971 – ist das „eigentliche, alle Teilziele umfassende Ziel politischer Bildung". Die Einheitlichen Prüfungsanforderungen und die Bildungsstandards sind deshalb in ihrer Finalität auch auf die Urteilsbildung als Kernkompetenz gerichtet, so z.B. in den Einheitlichen Prüfungsanforderungen auf das „Reflektieren der eigenen politischen Urteilsbildung unter zusätzlicher Beachtung ethischer und normativer Kategorien."

Wissenskompetenzen

Dazu bedarf es einer Trias von Wissenskompetenzen: Faktenwissen, Orientierungswissen (Analysekompetenz) sowie Deutungswissen (Modell- und Theoriekonzepte).

Sachurteile / Werturteile

Im Zusammenspiel ermöglichen diese Wissenskompetenzen Urteile auf der Sachebene (Sachurteile: deskriptive Urteile) und der Wertebene (Werturteile: normative Urteile).

Kategorien

Ein dazu zweckmäßiges Diagnoseinstrument hat Peter Massing 1997 vorgelegt. Er geht von zwei Fragen aus:

- Inwieweit erhöht/erhält/verringert eine Entscheidung die politische Effizienz?
- Inwieweit gewährleistet/gefährdet/verletzt eine Entscheidung die politische Legitimität?

Antworten sind aus drei Sichtweisen möglich: in der Perspektive der politischen Akteure, in der Perspektive der von politischen Entscheidungen Betroffenen und in der Perspektive des demokratischen Systems.

Multiperspektivisches Denken

Urteilskompetenz zeigt sich damit insbesondere in der Fähigkeit multiperspektivischen Denkens auf der Sach- wie der Wertanalyse.

Kernkompetenz Urteilsbildung:

Massing, Peter/Georg Weißeno (Hrsg.): Politische Urteilsbildung. Zentrale Aufgabe für den Politikunterricht. Schwalbach/Ts. 1997, 369 S.

Detjen, Joachim: Politische Urteilsbildung. Eine domänenspezifische Kernkompetenz der politischen Bildung. In: Redaktionen Politische Bildung und Kursiv (Hrsg.): Bildungsstandards. Schwalbach/Ts. 2005, S. 55-73.

Abb. 18: Kriterien politischer Urteilsbildung (unter Einbezug des Urteilsrasters von Peter Massing)

Orientierungs- und Deutungswissen

Sachebene — Wertebene

Deskriptive Urteile (deuten, erklären) — *Normative Urteile (bewerten)*

Ereignisse, Konflikte, Entscheidungen, Probleme, Aufgaben, Institutionen, Verfahren der Politik

Kategorie Effizienz Zweckrationalität				Kategorie Legitimität Wertrationalität
	Handlungsspielräume Machtkonstellationen Wirtschaftlichkeit	Politische Akteure	Menschenrechte Normen und Werte Akzeptanz Transparenz Partizipation	
	Nutzenqualität Interessenqualität	Adressaten	Selbstbestimmung Mitbestimmung Gemeinwohl	
	Funktionsfähigkeit Leistungsfähigkeit Stabilität	System	Demokratiequalität Sozialstaatlichkeit Gerechtigkeit	

Arbeitsvorschläge:

1. Konkretisieren Sie das in Abb. 18 entfaltete Modell der Urteilsfähigkeit an drei aktuellen Politikthemen.
2. Nehmen Sie Stellung zu Bernhard Sutors Aussage, dass die politische Urteilsfähigkeit „das eigentliche, alle Teilziele umfassende Ziel politischer Bildung" ist.

4.7 Politische Bewusstseinsbildung

Politisches Bewusstsein

Politik als verbindliche Regelung des für alle in gleicher Weise Notwendigen setzt ein Bewusstsein für dieses „für alle in gleicher Weise Notwendigen" voraus. Politische Bildung ist deshalb politische Bewusstseinsbildung. In diesem Ziel und auf dem Weg dahin fließen politikdidaktische Kategorien, Konzeptionen und Kompetenzen zusammen.

Eckpunkte politischen Bewusstseins

Als wesentliche Bausteine des politischen Bewusstseins sind v.a. die vier Eckpunkte relevant:

- das zur Wahrnehmung von Partizipationschancen befähigende Demokratiebewusstsein,
- das zur Wahrnehmung von Entfaltungschancen befähigende Sozialitätsbewusstsein,
- das auf politischer Ethik und Rationalität begründete Normenbewusstsein,
- das auf Multikausalität und Multiperspektivität begründete Problembewusstsein.

Leitziel / Leitkompetenz politisches Bewusstsein

Politische Bildung lässt sich damit in ihrer Zielsetzung auch in der Schule im Sinne des „Münchner Manifests" von 1997 verankern, in dem die Bundeszentrale und die Landeszentralen für politische Bildung ihre Aufgabe „als unverzichtbaren Beitrag zu persönlicher und gesellschaftlicher Orientierung sowie zur Entwicklung und Festigung demokratischer Einstellungen und Verhaltensweisen" definieren, um auf diese Weise zur aktiven Beteiligung an politischen Prozessen zu motivieren und zu befähigen sowie Hilfestellungen angesichts der gesellschaftlichen, ökologischen und politischen Umbrüche zu geben.

Aspekte politischer Bewusstseinsbildung:

Bundeszentrale und Landeszentralen für politische Bildung: Demokratie braucht politische Bildung. Münchner Manifest vom 26. Mai 1997. In: Aus Politik und Zeitgeschichte B 32/1997, S. 36-39.

Sutor, Bernhard: Kleine politische Ethik (= Schriftenreihe der Bundeszentrale für politische Bildung 341). Bonn 1997, 127 S.

Weißeno, Georg et al. (Hrsg.): Wörterbuch Politische Bildung. Schwalbach/Ts. 2007, S. 75-84 (Stichwort: Demokratie), S. 265-273 (Stichwort: Partizipation).

Abb. 19: Bausteine der politischen Bewusstseinsbildung

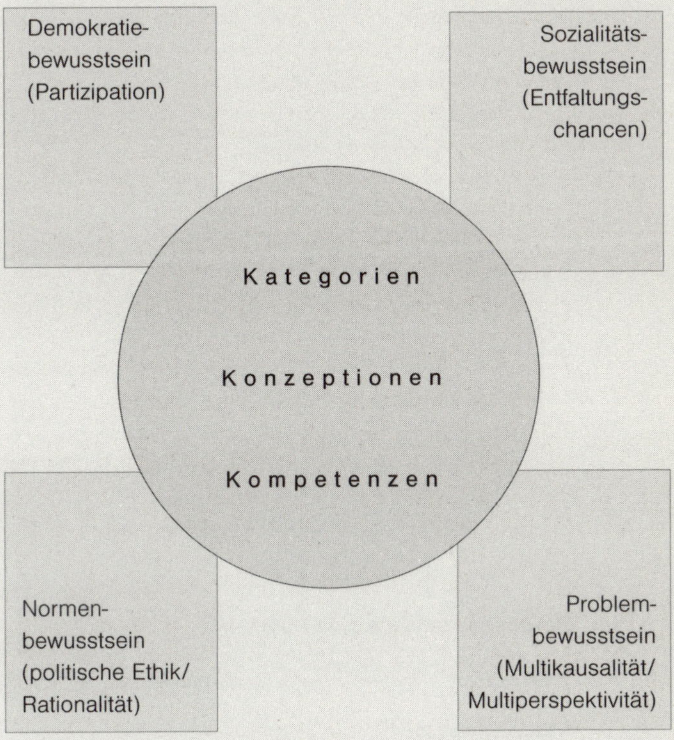

Arbeitsvorschläge:

1. Fassen Sie die für Sie persönlich wichtigen didaktischen Bausteine aus den Kapiteln 2 (Kategorien), 3 (Konzeptionen) und 4 (Kompetenzen) im Blick auf die politische Bewusstseinsbildung als Leitziel/Leitkompetenz zusammen.
2. Erörtern und bewerten Sie die politische Bewusstseinsbildung als Leitziel/Leitkompetenz unter dem Aspekt einer zukunftsfähigen politischen Bildung.

Schlüsselbegriffte aus Kapitel 4:

Input-/Outputsteuerung
Lernzielebenen
Kompetenzebenen
Bildungsstandards
Anforderungsbereiche
Fragefähigkeit
Leitfragen
Transferfähigkeit
Urteilsfähigkeit
Bewusstseinsbildung

5. Politikdidaktische Trends

Wandel der Lernkultur

Die politische Bildung befindet sich in einem Umbruchprozess. Signifikant sind v.a. vier Trends:

- vom programmorientierten Unterricht zum Deutungswissen,
- von der Vermittlungsperspektive zur Aneignungsperspektive,
- vom belehrenden Unterricht zu einer „Kultur der Differenz“,
- vom Frontalunterricht zum schülerorientierten Lernen (Peter Henkenborg, zitiert nach Sander 2005, S. 40).

Die Neuorientierung der politischen Bildung ist damit Teil der allgemeinen Schulreformdebatte.

Weitere Aufgabenfelder

Parallel erschließt die Politikdidaktik weitere Aufgabenfelder: Ökonomisches Lernen, Umweltlernen, Rechtserziehung, Interkulturelles Lernen, Präventionslernen („Erziehung nach Auschwitz“), Friedenserziehung, Globales Lernen, um nur einige Stichworte zu nennen.

Aktuelle Debatten

Es bleibt also spannend, wie sich aktuelle fachdidaktische Diskussionen weiterentwickeln. Dies betrifft u.a. die Pluralisierung der Kategorisierungen, die Rolle des Konstruktivismus in der Politikdidaktik oder die Kompetenzdebatte.

Aktuelle politikdidaktische Trends:

Sander, Wolfgang (Hrsg.): Handbuch Politische Bildung. Schwalbach/Ts. [3]2005, 702 S.

May, Michael: Demokratielernen oder Politiklernen? (= Politische Bildung, Kleine Reihe). Schwalbach/Ts. 2008, 48 S.

Detjen, Joachim/Wolfgang Sander: Konstruktivismus und Politikdidaktik. In: Politische Bildung 34 (2001), H. 4, S. 128-138.

Sander, Wolfgang (Hrsg.): Die Kompetenzdebatte. Eine Zwischenbilanz. In: Kursiv 2009, H. 3, S. 11-91.

Und zu guter Letzt

Mögen Sie durch die Lektüre des „Kompaktwissens Politikdidaktik" eine sowohl erweiterte wie vertiefte fachdidaktische Kompetenz erworben haben. Blättern Sie deshalb noch einmal zurück auf Seite 9 und zum dortigen Arbeitsauftrag 2 und testen Sie Ihren Kompetenzzuwachs.

Annotierte Literatur

1. Klassiker / Positionen der politischen Bildung

Giesecke, Hermann: Didaktik der politischen Bildung. München [8]1973 (zuerst 1965), 239 S.

Grundlegung des konfliktorientierten Ansatzes der politischen Bildung.

Sutor, Bernhard: Didaktik des politischen Unterrichts. Eine Theorie der politischen Bildung. Paderborn [2]1973 (zuerst 1971), 355 S.

Auf philosophischer Grundlage entfaltete Didaktik der politischen Bildung.

Hilligen, Wolfgang: Zur Didaktik des politischen Unterrichts. Opladen [4]1985 (zuerst 1975), 302 S.

Grundlegung des problemorientierten Ansatzes der politischen Bildung.

Pohl, Kerstin (Hrsg.): Positionen der politischen Bildung 1. Ein Interviewbuch zur Politikdidaktik. Schwalbach/Ts. [2]2007 (zuerst 2003), 351 S. – Hufer, Klaus-Peter/Kerstin Pohl/Imke Scheurich (Hrsg.): Positionen der politischen Bildung 2. Ein Interviewbuch zur außerschulischen Jugend- und Erwachsenenbildung. Schwalbach/Ts. 2004, 399 S.

Einführung in die gängigen politikdidaktischen Positionen an Hand von Interviews.

2. Allgemeine fachdidaktische Grundlagenliteratur

Weißeno, Georg u.a. (Hrsg.): Wörterbuch Politişche Bildung. Schwalbach/Ts. 2007, 456 S.

Handliches Wörterbuch mit 52 Artikeln zu Grundlagen der politischen Bildung.

Sander, Wolfgang: Handbuch politische Bildung. Schwalbach/Ts. [3]2005, 702 S.

Wichtiges Handbuch zu wichtigen Aspekten der politischen Bildung.

Reinhardt, Sibylle: Politik-Didaktik. Praxishandbuch für die Sekundarstufe I und II. Berlin 2005, 254 S.
Praxisrelevante Didaktik der politischen Bildung.

Lange, Dirk/Volker Reinhardt (Hrsg.): Basiswissen Politische Bildung. Hohengehren 2007 – Bd. 1: Konzeptionen politischer Bildung, 229 S. – Bd. 2: Strategien politischer Bildung, 309 S. – Bd. 3: Inhaltsfelder politischer Bildung, 245 S. – Bd. 4: Forschung und Bildungsbedingungen, 272 S. – Bd. 5: Planung politischer Bildung, 266 S. – Bd. 6: Methoden politischer Bildung, 226 S.
Informative Aufsätze über didaktisch-methodische Einzelaspekte der politischen Bildung.

Detjen, Joachim: Politische Bildung, Geschichte und Gegenwart in Deutschland. München/Wien 2007, 510 S.
Umfassendes Handbuch mit hohem Gebrauchswert insbesondere im Teil „Bundesrepublik Deutschland".

Deichmann, Carl: Lehrbuch Politikdidaktik. München/Wien 2004, 282 S.
Praxisnahe Fachdidaktik im Blick auf die „aktive Wahrnehmung der Bürgerrolle".

Sander, Wolfgang: Politik entdecken – Freiheit leben. Didaktische Grundlagen politischer Bildung. Schwalbach/Ts. [3]2008 (zuerst 2001), 270 S.
Anregende Politikdidaktik auf der Grundlage des Kompetenzkonzeptes.

Oberreuter, Heinrich (Hrsg.): Standortbestimmung Politische Bildung. Schwalbach/Ts. 2009, 363 S.
Dokumentation einer Tagung der Akademie für politische Bildung Tutzing zum Stand der politischen Bildung.

Ackermann, Paul u.a. (Hrsg.): Politikdidaktik kurzgefasst. Schwalbach/Ts. 2010, 128 S.
Instruktive Planungshilfe für den Politikunterricht an Hand von 13 „Planungsfragen".

Reinhardt, Sibylle/Dagmar Richter (Hrsg.): Politik-Methodik. Handbuch für die Sekundarstufe I und II. Berlin 2008, 256 S.
Informative Methodik der politischen Bildung.

Frech, Siegfried u.a. (Hrsg.): Methodentraining für den Politikunterricht. Schwalbach/Ts. 2004, 240 S. – Breit, Gotthard u.a. (Hrsg.): Methodentraining für den Politikunterricht II. Schwalbach/Ts. 2007, 240 S.
Praxisorientierte Einführung in wesentliche Makro- und Mikromethoden der politischen Bildung.

Besand, Anja/Wolfgang Sander (Hrsg.): Handbuch Medien in der politischen Bildung. Schwalbach/Ts. 2010, 640 S.
Grundlegendes Handbuch zur medialen Politikvermittlung.

3. Spezielle fachdidaktische Literatur

Redaktionen Politische Bildung und Kursiv (Hrsg.): Bildungsstandards, Evaluation in der politischen Bildung. Schwalbach/Ts. 2005, 171 S.

Sammelband zum Konzept der Bildungsstandards in der politischen Bildung.

Backhaus, Kerstin/Klaus Moegling/Susanne Rosenkranz: Kompetenzorientierung im Politikunterricht. Baltmannsweiler 2010 (zuerst 2008), 187 S.

Kompetenzen, Standards und Indikatoren der politischen Bildung erörternde Darstellung.

Weißeno, Georg (Hrsg.): Politikkompetenz. Was Unterricht zu leisten hat (= Schriftenreihe der Bundeszentrale für politische Bildung 645). Bonn 2008, 422 S.

Grundlegende Beiträge über aktuelle Aufgaben für Theorie und Praxis der politischen Bildung.

Juchler, Ingo (Hrsg.): Kompetenzen in der politischen Bildung. Schwalbach/Ts. 2010, 250 S.

(Zwischen-)Bilanz der Fachdiskussion zur Kompetenzorientierung in der politischen Bildung.

Weißeno, Georg/Joachim Detjen/Ingo Juchler/Peter Massing/ Dagmar Richter: Konzepte der Politik. Ein Kompetenzmodell. Schwalbach/Ts. 2010, 231 S.

Modellierung des politischen Kompetenzwissens als Konstruktion politischer Basiskonzepte [Ordnung, Gemeinwohl, Entscheidung] sowie zugeordneter Fachkonzepte.

Redaktion Wochenschau: Kompetenzen im Politikunterricht (= Wochenschau Sonderausgabe); Schwalbach/Ts. 2010, 96 S.

Überblick über die theoretischen Grundlagen der Kompetenzdiskussion mit konkreten Umsetzungsbeispielen.

Massing, Peter/Georg Weißeno (Hrsg.): Politische Urteilsbildung, Zentrale Aufgabe für den Politikunterricht. Schwalbach/Ts. 1997, 368 S.

Sammelband mit wichtigen Beiträgen zur politischen Urteilsbildung.

Himmelmann, Gerhard: Demokratie Lernen als Lebens-, Gesellschafts- und Herrschaftsform. Schwalbach/Ts. [3]2007 (zuerst 2001), 343 S.

Anregende Didaktik des Demokratie Lernens.

Beutel, Wolfgang/Peter Fauser (Hrsg.): Demokratiepädagogik. Lernen für die Zivilgesellschaft. Schwalbach/Ts. 2006, 224 S.

Für die politische Bildung anregende pädagogische Fundierung.

4. Fachdidaktische Reihen

Wochenschau Bibliothek (Auswahl)

Breit, Gotthard/Peter Massing (Hrsg.): Politik im Politikunterricht, Wider den inhaltsleeren Politikunterricht; Schwalbach/Ts. 2007, 125 S.

Klärungen des Politikbegriffs als Grundlage politischer Bildung.

Breit, Gotthard/Georg Weißeno: Planung des Politikunterrichts, Eine Einführung. Schwalbach/Ts. 2002, 160 S.

Hilfreiche Anleitung zur Unterrichtsplanung.

Breit, Gotthard/Peter Massing (Hrsg.): Politikunterricht geplant. Schwalbach/Ts. 2006 (zuerst 2005), 304 S.

Kommentierte Unterrichtseinheiten zu grundlegenden Themen politischer Bildung.

Kuhn, Hans Werner: Urteilsbildung im Politikunterricht, Ein multimediales Projekt. Schwalbach/Ts. 2003); 200 S. (mit CD).

Fachdidaktik und Unterrichtspraxis verbindendes „Projekt".

Politische Bildung, Kleine Reihe (Auswahl)

Gagel, Walter: Drei didaktische Konzeptionen – Giesecke, Hilligen, Schmiederer. Schwalbach/Ts. 2007, 45 S.

Einführung in die Didaktiken dreier Klassiker der politischen Bildung.

May, Michael: Demokratielernen oder Politiklernen? Schwalbach/Ts. 2008, 49 S.

Erörterung eines fachbasalen Didaktikthemas.

Manzel, Sabine: Wissensvermittlung und Problemorientierung im Politikunterricht. Schwalbach/Ts. 2008, 62 S.

Aufbereitung der Lehr-Lern-Forschung für die Politikdidaktik.

Janssen, Bernd: Methodenorientierte Politikdidaktik; Schwalbach/Ts. ³2008 (zuerst unter dem Titel: Konzepte zur Sachanalyse 202), 80 S.

Sachanalyse und Unterrichtsplanung an konkreten Beispielen.

Politik verstehen

Deichmann, Carl/Ingo Juchler (Hrsg.): Politik verstehen lernen, Zugänge im Politikunterricht. Schwalbach/Ts. 2010, 141 S.

Perspektivenband der neuen vielversprechenden Publikationsreihe „Politik verstehen", die Politik im hermeneutischen Didaktik-Sinn entfaltet.

5. Fachdidaktische Zeitschriften

Zeitschrift für Didaktik der Gesellschaftswissenschaften

Themenhefte zum fachspezifischen bzw. fächerverbindenden Lehren und Lernen in den Fächern Geographie, Geschichte, Politik und Wirtschaft; 2 Hefte/Jahr (seit 2010).

Kursiv

Beiträge zu aktuellen fachdidaktischen Themen und Trends; 4 Hefte/Jahr (seit 1997).

Gesellschaft - Wirtschaft - Politik

Aktuelle Grundlagenbeiträge zur fachwissenschaftlichen Fundierung politischer Bildung; 4 Hefte/Jahr (seit 1952).

Politische Bildung

Aufbereitung grundlegender Themenfelder der politischen Bildung (mit Beiträgen aus der Fachwissenschaft und unterrichtsbezogenen Materialsammlungen); 4 Hefte/Jahr (seit 1968).

Wochenschau

Themenhefte mit umfangreichen Materialsammlungen und Arbeitsanregungen in zwei Reihen für die S-I und S-II; je 6 Hefte/Jahr (seit 1950).

Praxis Politik

Themenhefte mit unterrichtsaufbereiteten Materialien; 6 Hefte/Jahr (seit 2005).

Politik & Unterricht

Von der Landeszentrale für politische Bildung Baden-Württemberg herausgegebene Themenhefte mit Unterrichtsvorschlägen und Materialien; 4 Hefte/Jahr (seit 1985).

Politik betrifft uns

Themenhefte mit unterrichtlich durchkonzipierten Unterrichtsmaterialien; 6 Hefte/Jahr (seit 1989).

WOCHEN SCHAU VERLAG

... ein Begriff für politische Bildung

Standardwerk

Der Klassiker wieder lieferbar!

Für eine optimale Planung des Unterrichts bietet das Buch 13 Fragen, die Politiklehrerinnen und -lehrern das Zusammendenken von Zielen, Inhalt, Methoden und Medien ermöglichen – immer unter Berücksichtigung der gegebenen Unterrichtsbedingungen. Die Bildung von didaktischen Perspektiven eröffnet den raschen Einstieg in eine schülergemäße Unterrichtsplanung. Politikbegriffe und Kategorien helfen bei der Analyse von politischen Problemen, Prozessen und Strukturen. Ausgewählte Kriterien erleichtern eine rationale politische Urteilsbildung.

Lehrerinnen und Lehrern ermöglicht der Band die freie und kreative Planung eines ihren Vorstellungen entsprechenden, engagierten Politikunterrichts.

Paul Ackermann, Gotthard Breit, Will Cremer, Peter Massing, Peter Weinbrenner

Politikdidaktik kurzgefasst
13 Planungsfragen für den Politikunterricht

ISBN 978-3-89974580-1, überarb. Neuauflage 2010
128 S., € 9,80

wochenschau-verlag.de

A.-Damaschke-Str. 10, 65824 Schwalbach/Ts., Tel.: 06196/86065, Fax: 06196/86060, info@.wochenschau-verlag.de

WOCHEN SCHAU VERLAG

... ein Begriff für politische Bildung

Kleine Reihe

Weitere Titel in der Reihe:

Carl Deichmann
Leistungsbeurteilung im Politikunterricht
978-3-89974494-1, 60 S.,€ 9,80

Carl Deichmann
Symbolische Politik und politische Symbolik
Dimensionen politischer Kultur
978-3-89974357-9, 64 S., € 9,80

Walter Gagel
Drei didaktische Konzeptionen: Giesecke, Hilligen, Schmiederer
978-3-89974209-1, 48 S., € 9,80

Bernd Janssen
Kreativer Politikunterricht
Wider die Langeweile im schulischen Alltag
978-3-89974312-8, 56 S., € 9,80

Bernd Janssen
Methodenorientierte Politikdidaktik
Methoden zur Sachanalyse und Unterrichtsplanung
978-3-89974388-3, 82 S., € 9,80

Klaus Kremb
Kompaktwissen Politikdidaktik
Kategorien – Konzeptionen – Kompetenzen
978-3-89974624-2, 64 S., € 9,80

Sabine Manzel
Wissensvermittlung und Problemorientierung im Politikunterricht
Lehr-Lern-Forschung.
Eine anwendungsorientierte Einführung
978-3-89974396-8, 64 S., € 9,80

Michael May
Demokratielernen oder Politiklernen?
978-3-89974397-5, 50 S., € 9,80

978-3-89974569-6, 112 S., € 14,80

Gotthard Breit

Allein vor der Klasse

Meine erste Stunde im Politikunterricht

Praxisorientiert und in bündiger Form erklärt der Autor, was bei der Unterrichtsplanung zu beachten ist. Komprimiert, didaktisch reduziert und übersichtlich: profitieren Sie von der ganzen Erfahrung eines Didaktikers, der sich seit jeher der Praxis des Unterrichts verpflichtet fühlt.

wochenschau-verlag.de

A.-Damaschke-Str. 10, 65824 Schwalbach/Ts., Tel.: 06196/86065, Fax: 06196/86060, info@.wochenschau-verlag.de